Inhalt

Urlaubsregelungen - so vermeiden Sie Zoff!

Kernthesen

Beitrag

Fallbeispiele

Weiterführende Literatur

Impressum

Urlaubsregelungen - so vermeiden Sie Zoff!

M.Reiner

Kernthesen

- Der Sommer steht an, die Angestellten wollen in Urlaub. Spätestens jetzt bringt eine schlechte Urlaubsorganisation die Arbeitgeber in Verlegenheit - und Zoff im Betrieb droht. (1), (4), (7)
- Personalmangel, schlechte Stimmung und verärgerte Kunden sind die Folge. Um dies zu vermeiden, sollten gesetzliche Regelungen beachtet und bereits zu Jahresbeginn die Urlaubstage der einzelnen Arbeitnehmer festgelegt werden. (1), (3), (4)
- Steht der Urlaub bevor, ist eine sorgfältige Übergabe zu organisieren. Nur so können auch in Engpässen Arbeitsabläufe

reibungslos vonstatten gehen. (6)

Beitrag

Wer darf wann in Urlaub? Gerade im Hochsommer, wenn viele Arbeitnehmer ihren Jahresurlaub antreten wollen, stellt sich diese Frage. Meist regeln Urlaubslisten dieses Dilemma. Doch nicht selten trüben unerwartete Engpässe oder plötzliche Auftragseingänge das Vergnügen - und Urlaubszoff ist vorprogrammiert.

Mit Urlaubslisten gegen Streitigkeiten

Urlaubslisten sind ein bewährtes Instrument, um die Urlaubstage der Arbeitnehmer im Blick zu behalten und sinnvoll festzulegen. Es empfiehlt sich, schon zu Jahresbeginn die Listen zu verteilen. So werden frühzeitig Unstimmigkeiten aus dem Wege geräumt und Planungssicherheiten sowohl für den Arbeitgeber als auch für den Arbeitnehmer gewährleistet. Generell gilt: Der Arbeitgeber muss die Urlaubswünsche seiner Angestellten berücksichtigen. Soziale Gesichtspunkte wie die Schulpflicht von Kindern, Alter, Urlaubsregelungen vergangener Jahre etc. haben Vorrang vor den individuellen Wünschen einzelner Arbeitnehmer. (1), (7)

Betriebliche Belange als Verweigerungsgrund?

Arbeitgeber können ohne Weiteres auf die Urlaubszeiten ihrer Angestellten einwirken, wenn betriebliche Belange dies erfordern. Allerdings ist es rechtlich nicht erlaubt, einmal vorbehaltlos erteilten Urlaub ohne das Einverständnis des Angestellten zurück zu nehmen. Der Arbeitgeber kann dies nur im äußersten Notfall verlangen, wie z.B. drohender Insolvenz. Auch kann der Arbeitgeber nicht verlangen, dass der Mitarbeiter seinen Urlaub unterbricht und an den Arbeitsplatz zurückkehrt. (1), (4)

Ebenso ist es dem Angestellten untersagt, trotz Urlaubsverbot eigenmächtig den Urlaub anzutreten. Der Arbeitgeber kann in diesem Fall fristlos kündigen.

Betriebsferien

Stehen dem Unternehmen auftragsschwache Zeiten

bevor, die z.B. jahreszeitlich bedingt sind, empfiehlt es sich einen Betriebsurlaub anzudenken. So werden Kosten gespart und das Personal für auftragsstarke Zeiten bei der Hand gehalten. Individuelle Urlaubswünsche der Arbeitnehmer müssen vor den Belangen des Betriebes zurückstehen. Auch hier gilt, je früher der Betriebsurlaub kommuniziert wird, desto eher kann Zoff vermieden werden. (3)

Krank in der Urlaubszeit

Wer im Urlaub krank wird, hat Anspruch auf Urlaubsersatztage. Voraussetzung ist ein ärztliches Attest, das die Krankheit bescheinigt. Im Ausland muss der Arbeitnehmer einen Nachweis erbringen, der über eine Krankheit hinaus auch Arbeitsunfähigkeit belegt. (2)

Engpässe vermeiden

Nicht selten begehen Unternehmer den Fehler, in der Urlaubszeit den Personalstand so stark zu reduzieren, dass bei Krankheit eines weiteren Mitarbeiters der betriebliche Ablauf ins Chaos stürzt. Grundsätzlich sollte der Arbeitgeber bei der Urlaubsplanung darauf achten, möglichst wenige Engpässe durch z.B. Urlaubsüberschneidungen zu verursachen. Ärger kann vermieden werden, wenn von vorneherein feststeht, wer die Urlaubsvertretung übernimmt oder kurzfristig einspringen kann. (4), (7)

Übergabe

Eine geregelte Übergabe ist das A und O für eine entspannte Urlaubszeit. Auch die Kollegen werden es danken, wenn die Übergabe sorgfältig vorbereitet wurde. Diese sollte bereits zwei Wochen vor dem Urlaubsantritt erfolgen, um Fragen schon im Vorfeld klären zu können. Kontaktlisten müssen erstellt werden, wichtige Kunden und Gesprächspartner informiert werden, Eventualitäten besprochen. Dann steht einem erholsamen Urlaub nichts mehr im Wege. (6)

Fallbeispiele

Laut einer Untersuchung des Kölner Instituts der deutschen Wirtschaft (IW), haben Angestellte der deutschen Industrie im Vergleich zu ihren europäischen Kollegen weitaus mehr Urlaub. Während in Deutschland 6 Wochen die Regel sind, kommen die Nachbarsländer auf 25 Tage. In der USA sind es sogar nur 12. (5)

Gesetzlich beträgt der Mindesturlaub bei einer 6-Tage Woche 24 Werktage pro Kalenderjahr. Bei einer 5-Tage Woche sind es 20 Tage, bei einer 4-Tage Woche 16 Tage. Die tägliche Arbeitszeit hat keinen Einfluss auf die Urlaubstage. Schwerbehinderte Menschen haben einen Anspruch auf weitere 5 Urlaubstage. Bei Jugendlichen gelten Sonderbestimmungen. Ein voller Anspruch auf Urlaub entsteht, wenn das Arbeitsverhältnis ohne Unterbrechung sechs Monate wirksam war. (1)

Fehler bei der Berechnung des Urlaubs sind keine Seltenheit: Tritt ein Mitarbeiter während des Jahres in ein Unternehmen ein, ist folgendes zu unterscheiden: a) Eintritt in der zweiten Jahreshälfte (ab 1. Juli): der Angestellt hat Anspruch auf anteiligen Urlaub, z.B. 15 Tage bei insgesamt 30 Urlaubstagen. b) Eintritt in der ersten Jahreshälfte: in diesem Falle hat der Angestellt Anspruch auf den vollen Urlaub. (3)

Laut Beschluss des Europäischen Gerichtshofes ist der Urlaub von Angestellten in Freizeit abzugelten und darf nicht ausbezahlt werden. Eine Vereinbarung zwischen Arbeitgeber und Arbeitnehmer ist nichtig, außer der Arbeitnehmer befindet sich in gekündigter Stellung und der Urlaub kann wegen der Beendigung des Arbeitsverhältnisses nicht gewährt werden. (1)

Für beide Parteien empfiehlt es sich, die Urlaubsanträge schriftlich zu regeln, um Missverständnissen vorzubeugen. Auch ist eine geschlossene Dokumentation der Urlaubstage wichtig, um im Falle einer Kündigung feststellen zu können, wie viel Urlaub dem Arbeitnehmer noch zusteht und um Doppelansprüche des Arbeitnehmers gegen den neuen Arbeitgeber zu vermeiden. (1), (4), (6)

Reagiert ein Vorgesetzter nicht innerhalb einer angemessenen Frist auf die Urlaubsanfrage seines Angestellten, kann dieser davon ausgehen, dass sein Urlaub gewährt wird. Als angemessen wird eine Zeitspanne von einem Monat erachtet. Arbeitnehmern wird in diesem Fall geraten, schriftlich eine zweite Anfrage zu stellen. Bleibt auch diese unbeantwortet, kann vor Gericht eine einstweilige Verfügung erwirkt werden. (9)

Unter bestimmten Voraussetzungen haben auch freie Mitarbeiter Urlaubsansprüche an das Unternehmen. Dies ist dann der Fall, wenn ihr Beschäftigungsverhältnis dem eines fest angestellten

Arbeitnehmers gleicht. In Verträgen ist von daher auf den Hinweis zu achten, dass keine Weisungsgebundenheit vorliegt und der freie Mitarbeiter auch noch für andere Hauptauftraggeber tätig ist. Außerdem muss bei der Betriebsorganisation strikt zwischen freien und festen Mitarbeitern getrennt werden. (3)

Ein einmal gewährter Urlaub kann nicht mehr gesperrt werden - es sei denn es gibt einen triftigen Grund. Keine Gründe sind betriebliche Engpässe oder ein unvorhergesehner Auftrag, denn damit muss ein Unternehmer rechnen und in die Personalplanung mit einbeziehen. Andererseits ist auch der Angestellte an seinen Urlaub gebunden. Der Vorgesetzte muss eine Verschiebung nicht genehmigen und kann auf die festgesetzte Urlaubszeit bestehen. (4), (8)

Weiterführende Literatur

(1) Reif für die Insel
aus VerkehrsRundschauRundschau, Heft 26/2006, S. 44-46

(2) Krank im Urlaub - einfach zu verlängern ist unzulässig
aus Ärzte Zeitung Nr. 102 vom 06.06.2006, Seite 17

(3) JAHRESURLAUB - Die betrieblichen Interessen

gehen vor
aus ProFirma, Vol. 9, Heft 06/2006, S. 32-34

(4) Urlaubsansprüche sind heilig
aus Handelsblatt Nr. 139 vom 21.07.06 Seite k02

(5) O.V., Mehr Urlaub in der Industrie, Rhein-Zeitung vom 22.6.2006
aus Handelsblatt Nr. 139 vom 21.07.06 Seite k02

(6) COUNTDOWN VOR DEM URLAUB. So räumen Sie richtig auf // Nach mir die Sintflut? // Von wegen. Vor den Ferien muss man noch einmal tüchtig ran - die Auszeit will gut vorbereitet sein
aus Der Tagesspiegel Nr. 19237 VOM 02.07.2006 SEITE K01

(7) Beim Urlaubsantrag Probleme schon von vornherein vermeiden
aus Giessener Anzeiger vom 05.07.2006

(8) Wenn es im Urlaub im Betrieb eng wird
aus Rheinische Post Nr. vom 27.06.2006

(9) Unschlüssige Chefs
aus Rheinische Post Nr. vom 20.06.2006

Impressum

Urlaubsregelungen - so vermeiden Sie Zoff!

Bibliografische Information der deutschen Nationalbibliothek

Die Deutsche Nationalbibliothek verzeichnet diese Publikation in der deutschen Nationalbibliografie; detaillierte bibliografische Daten sind im Internet über http://dnb.d-nb.de abrufbar.

ISBN: 978-3-7379-0906-8

© 2015 GBI-Genios Deutsche Wirtschaftsdatenbank GmbH, Freischützstraße 96, 81927 München, www.genios.de

Alle Rechte vorbehalten. Dieses Werk ist einschließlich aller seiner Teile – z.B. Texte, Tabellen und Grafiken - urheberrechtlich geschützt. Jede Verwertung außerhalb der Grenzen des Urheberrechtsgesetzes bedarf der vorherigen Zustimmung des Verlags. Dies gilt insbesondere auch für auszugsweise Nachdrucke, fotomechanische Vervielfältigungen (Fotokopie/Mikroskopie), Übersetzungen, Auswertungen durch Datenbanken oder ähnliche Einrichtungen und die Einspeicherung und Verarbeitung in elektronischen Systemen.